Fitnesstraining
für den
Kopf

W0029625

Charles Phillips

Fitnesstraining
für den
Kopf

50
Rätsel für
SCHNELLES
DENKEN

ARISTON α

Für Alison

Aus dem Englischen von Marion Zerbst

Die Originalausgabe dieses Buches erschien 2009 unter dem Titel
How to think. 50 puzzles for quick thinking bei Eddison Sadd Editions.

Bibliografische Information der Deutschen Bibliothek

Die Deutsche Bibliothek verzeichnet diese Publikation
in der Deutschen Nationalbibliografie; detaillierte bibliografische Daten
sind im Internet unter http://dnb.ddb.de abrufbar.

© der deutschsprachigen Ausgabe 2009 Ariston Verlag
in der Verlagsgruppe Random House GmbH
Alle Rechte vorbehalten
© Text and Puzzles: Imagine Puzzles 2009

Umschlaggestaltung: Weiss / Zembsch / Partner: Werkstatt/München
Satz: EDV-Fotosatz Huber/Verlagsservice G. Pfeifer, Germering
Printed in Singapore

ISBN 978-3-424-20023-2

INHALT

EINLEITUNG Schnelles Denken   6

LEICHTE Rätsel Aufwärmen   11

MITTELSCHWERE RÄTSEL Basistraining   29

SCHWERE RÄTSEL Intensivtraining   49

DIE **HERAUSFORDERUNG**   67

DIE **LÖSUNGEN**   73

WEITERFÜHRENDE LITERATUR   93

NOTIZEN   94

ÜBER DEN AUTOR   96

Schnelles Denken

Können Sie gut mit Krisensituationen umgehen? Schaffen Sie es, eine Frage zu beantworten, auf die Sie nicht vorbereitet waren, oder Informationen über ein Thema zu präsentieren, von dem Sie keine Ahnung haben? Dazu muss man schnell denken können. Wie meistern Sie solche Aufgaben?

Dieses Buch verrät Ihnen, wie man auch unter Druck produktiv denkt. Es bietet Tipps, wie man in solchen Situationen ruhig bleibt, selbst im Wettlauf mit der Zeit noch gute Leistungen erbringt und einen übervollen Terminkalender bewältigt. Und es präsentiert Ihnen 50 Rätsel und zum Schluss eine verzwickte Aufgabe für Schnelldenker.

DENKEN IST LERNBAR Jeder Mensch besitzt die Fähigkeit, zu denken – aber man kann diese Fähigkeit auch weiterentwickeln. Das gilt für alle möglichen Denkprozesse: für das kreative, logische oder Querdenken ebenso wie für das schnelle Denken.

Neueste Erkenntnisse aus der Hirnforschung haben gezeigt, dass wir alle enorme Fähigkeiten besitzen, uns zu verändern und dazuzulernen. Ihr Gehirn enthält hundert Milliarden Nervenzellen (Neuronen) und jede dieser Zellen kann mit Zehntausenden anderer Neuronen in Kontakt treten. Von Sekunde zu Sekunde stellt Ihr Gehirn eine Million neuer Nervenverbindungen her. Ebenso viele Möglichkeiten haben Sie, Ihre Denkprozesse zu optimieren. Mit etwas Übung – beginnend mit den Rätseln und Denksportaufgaben in diesem Buch – können auch Sie lernen, schnell zu denken.

SOZIALES DENKEN UND »BAUCHGEFÜHL« Entscheiden Sie manchmal blitzschnell aus dem Bauch heraus, ob Sie einem neuen Geschäftspartner trauen können oder nicht? Wenn Sie nachts allein durch eine Stadt gehen – müssen Sie sich dann nicht manchmal sehr rasch darüber klar werden, ob eine Situation bedrohlich oder doch ungefährlich ist? In solchen Augenblicken müssen wir alle sekundenschnell denken. In sozialen Situationen, in denen wir rasch entscheiden müssen, ob wir unser Gegenüber sympathisch finden oder Vertrauen zu ihm haben, arbeiten wir mit einer speziellen Art von Neuronen, den Spindelzellen.

Das sind die schnellsten Nervenzellen, die die Hirnforschung bisher kennt.

Dieses blitzschnelle Denken lässt sich auch auf andere Situationen anwenden. Malcolm Gladwell stellt in seinem Buch *Blink! Die Macht des Moments* die Theorie auf, dass das Unterbewusstsein sich aus unseren Erfahrungen dünne Scheibchen herausschneiden kann: Statt uns durch Berge von Informationen hindurchzuarbeiten, nehmen wir blitzschnell einige wenige Daten in uns auf und treffen auf dieser Basis eine spontane Entscheidung. Aber diese Art von Schnelldenken birgt auch Gefahren: Man fällt dabei leicht eigenen Vorurteilen und Klischeevorstellungen zum Opfer. Daher müssen wir lernen, worauf in bestimmten Situationen zu achten ist.

IMMER MIT DER RUHE! Nehmen wir an, Ihr Chef bittet Sie, auf einer Konferenz, die in 45 Minuten stattfinden soll, etwas zu präsentieren. Eigentlich bräuchten Sie aber drei Stunden, um diese Präsentation richtig vorzubereiten. In so einer Situation ist es zunächst einmal am besten, ruhig zu bleiben und die Sache positiv zu sehen. Denn Panik lähmt unser Denken. Wissenschaftler haben festgestellt, dass eine Gruppe von Neuronen im Mittelhirn, in der Amygdala, eine wichtige Rolle bei der Verarbeitung emotionaler Reaktionen spielt. Die Amygdala kommuniziert ständig mit den Präfrontallappen – jenen Hirnregionen, die wir zum Rechnen und Argumentieren benötigen. Wenn Ihre Emotionen negativ sind (z. B. Ängste, die Sie überwältigen), beeinträchtigen die Signale, die die Amygdala aussendet, Ihre Denkprozesse. Sind Sie dagegen zuversichtlich, interessiert und optimistisch, fördert die Amygdala rasches, entschlossenes Denken.

GEHEN SIE ES AN! Also vergeuden Sie Ihre Zeit nicht damit, darüber nachzudenken, wie unmöglich es ist, schnell denken zu lernen. Machen Sie sich an die Arbeit! Überlegen Sie, wie viel Zeit Sie für Ihr Vorhaben zur Verfügung haben, und setzen Sie sich dann eine Reihe kleiner, realistischer Etappenziele.

SCHREIBEN UND VISUALISIEREN SIE Manchmal ist es sinnvoll, Aufgaben schriftlich zu lösen, denn oft führt ein Gedanke zum nächsten. Es kann Ihnen auch weiterhelfen, Ihre Ideen visuell darzustellen. Zeichnen Sie ein Diagramm oder skizzieren Sie die einzelnen Denkschritte eines Problemlösungsprozesses. Schreiben Sie sich Ideen, die Ihnen sinnvoll erscheinen, an den Rand, damit Sie sie nicht vergessen.

DIE RÄTSEL IN DIESEM BUCH Dieses Buch enthält Rätsel in drei Schwierigkeitsgraden. Für jeden Schwierigkeitsgrad ist ein bestimmtes Zeitlimit vorgegeben. Das setzt Sie ein wenig unter Druck, und zwar mit gutem Grund: Oft können wir besser denken, wenn wir ein konkretes Ziel verfolgen oder unter Zeitdruck stehen. Aber wenn Sie mehr Zeit für diese Rätsel benötigen als vorgesehen, ist das auch nicht schlimm. Nehmen Sie sich so viel Zeit, wie es Ihnen richtig erscheint. Für die Rätsel, die mit ZEITBONUS gekennzeichnet sind, dürfen Sie etwas mehr Zeit investieren – nicht weil sie schwieriger sind, sondern weil sie mehr Denkarbeit erfordern.

Von manchen Rätseln erscheint an späterer Stelle im Buch noch einmal eine etwas andere Version. Ab und zu geben wir Ihnen auch einen kleinen Tipp, und am Ende des Buches finden Sie außerdem immer wieder Platz für Notizen. Der letzte Teil – die HERAUSFORDERUNG – bietet Ihnen Gelegenheit, sich in Ihren neu erworbenen „Schnelldenkfähigkeiten" zu üben. Dafür geben wir Ihnen 10 bis 15 Minuten Zeit, damit Sie auch wirklich gründlich über die Probleme nachdenken und sich in der leeren Randspalte vielleicht auch ein paar Notizen machen können.

Aber überstürzen Sie nichts: Denn wenn Sie in Panik geraten, können Sie nicht mehr richtig denken. Ruhe zu bewahren ist einer der wichtigsten Schritte auf dem Weg zu schnellem Denken.

SCHWIERIGKEITSGRAD	ZEITLIMIT
LEICHT = AUFWÄRMEN	1–2 MINUTEN
MITTELSCHWER = BASISTRAINING	3–4 MINUTEN
SCHWER = INTENSIVTRAINING	5–6 MINUTEN
ZEITBONUS	6+ MINUTEN
DIE HERAUSFORDERUNG	10–15 MINUTEN

50 Rätsel für SCHNELLES DENKEN

Nicht vergessen:
Seien Sie **aufmerksam**!
Schauen Sie **genau** hin!
Achten Sie auf **Zusammenhänge**!
Nutzen Sie die **unzähligen Nervenverbindungen Ihres Gehirns**!
Denken Sie **SCHNELL**

LEICHTE
Rätsel für
SCHNELLES
DENKEN

Die Rätsel im ersten Teil sind eine »Aufwärmübung«
für Ihr schnelles Denken. Hier können Sie üben,
Zusammenhänge rasch zu erkennen und schnell zu
rechnen. Denn selbst bei einfachen Rechenaufgaben
stellt das Gehirn neue Nervenverbindungen her und wird
leistungsfähiger, wenn man sie rasch löst.
Gleichzeitig wird man so geistesgegenwärtiger und
reaktionsschneller. Auch wenn Ihnen die Rätsel
schwerfallen: Versuchen Sie dennoch,
positiv zu denken!

RÄTSEL 1 AUFWÄRMEN

1–2 MINUTEN

SYMBOLTRÄCHTIGES RÄTSEL

Bei dieser Rechenaufgabe muss Ihr Gehirn neue Nervenverbindungen herstellen. Jedes Symbol steht für eine andere ganze Zahl, wobei keine kleiner als 1 ist. Welche Zahlen müssen Sie den Symbolen zuordnen, damit am Ende jeder Gleichung die richtige Summe steht?

$$\frac{\triangle}{3} + \frac{\star}{4} = 14$$

$$\triangle - \star = \square$$

$$\frac{\square}{4} = \heartsuit$$

Rechnen Sie erst einmal die einfache Summe in der ersten Reihe aus!

GUTER RAD IST TEUER ...

Zwei Handwerker dekorieren die Bar eines teuren Privatclubs mit Fliesen, deren Muster alten Fahrrädern nachempfunden sind. Einer der beiden hat die Pläne des Innenarchitekten verloren und hat nur noch wenig Zeit. Trotzdem hat er das Fliesenmuster schon fast fertig, als der Kunde unangekündigt in die Bar kommt. »Schnell«, sagt der Fliesenleger zu seinem Kollegen, »vervollständige das Muster, bevor er hereinkommt!«

Jetzt muss es wirklich blitzschnell gehen! Können Sie ihm helfen, die Fliese mit dem richtigen Muster in der Schachtel (rechts unten) zu finden?

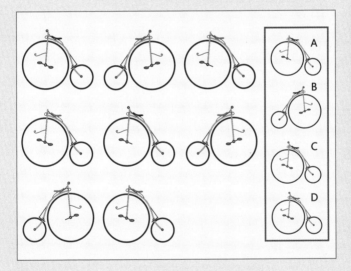

Achten Sie auf wiederkehrende Muster – nicht nur in den waagerechten Reihen, sondern auch in den Spalten.

FALSCHER ZUG

Woody spielt mit seiner kleinen Tochter Rebecca TIC TAC TOE. Er hat schon zweimal hintereinander gewonnen und dieses Mal soll *sie* gewinnen. Woodys Zeichen sind Kreise und Rebecca zeichnet Kreuze. Er ist als Nächstes am Zug. Welches Feld muss er belegen, damit seine Tochter garantiert den Sieg davonträgt?

Mit einem bestimmten Zug kann Woody Rebecca dazu bringen, dass sie am Ende eine Reihe voller Kreuze bekommt.

1–2 MINUTEN

MRS. NELSONS ZAHLENFLIESEN I

Dieses Zahlenfliesen-Rätsel hat sich Mrs. Nelson für ihren Mathe-Club ausgedacht, der sich nach der Schule trifft. Die acht Fliesen müssen so in das Gitter gelegt werden, dass an den Rändern stets gleiche Zahlen aneinander angrenzen. Man darf die Fliesen drehen, aber nicht auf den Kopf stellen.

RÄTSEL 4 AUFWÄRMEN

DENK-ANSTOSS Suchen Sie zunächst nach Fliesen, die zu den Einsern jener Fliese passen, die bereits im Gitter liegt.

15

ZEIT-BONUS

RÄTSEL 5 AUFWÄRMEN

DAS VIDEOSPIEL I

John spielt ein Videospiel, in dem der Hauptdarsteller in einem alten Wohnhaus auf Entdeckungsreise geht. Im ersten Stock muss er einen Zahlencode an einer Bürowand entschlüsseln, um weiterzukommen. Dazu muss John einen Weg von der linken oberen zur rechten unteren Ecke des Zahlengitters finden und darf sich dabei immer nur waagerecht, senkrecht oder diagonal bewegen. Außerdem darf er jedes Feld nur einmal betreten und muss die Zahlenfelder in der Reihenfolge 1-2-3-4-5-6-1-2-3-4-5-6 usw. durchlaufen.

1	2	3	4	1	2
5	4	3	5	6	3
6	2	4	3	4	5
1	6	5	2	1	6
1	2	1	2	4	5
3	4	5	6	3	6

DENK-ANSTOSS

Die ersten drei Zahlen, die er durchlaufen muss, liegen klar auf der Hand. Danach sollte er in der dritten Reihe zum ersten Mal auf eine 6 kommen.

16

VERWECHSELTE STEMPEL I

Der Inhaber eines Stempelgeschäfts hat die Muster für die Stempelsätze, die er bei der Fabrik bestellt hatte, verloren und dann auch noch die Stempel und deren Abdrucke fallen lassen, sodass jetzt alles durcheinander ist. Können Sie ihm helfen, jedem Stempel den richtigen Abdruck zuzuordnen?

Fangen Sie beim Vergleichen der Stempel und Abdrucke nicht bei den Buchstaben, sondern lieber bei den Zahlen an!

ZEIT-BONUS

RÄTSEL 7 AUFWÄRMEN

TONYS BEWÄHRUNGSPROBE

Bei seinem Vorstellungsgespräch bei einer Bank erhält Tony das unten abgebildete leere Gitter mit der Anweisung:

»Fügen Sie die Zahlen 1, 2, 3, 4, 5, 6, 7, 8, 9, 10, 11, 12, 13, 14, 15 und 16 so in das Gitter ein, dass jede waagerechte, senkrechte und diagonale Reihe die Summe 34 ergibt.«

Können Sie ihm helfen, die Stelle zu bekommen?

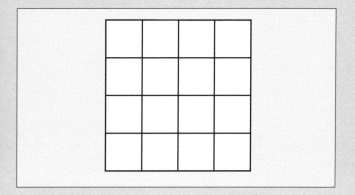

DENK-ANSTOSS

Um die Summe 34 zu ergeben, muss jede Reihe und Spalte hohe und niedrige Zahlen enthalten. Man muss also eine sehr niedrige Zahl wie 1 oder 2 mit einer hohen Zahl wie 14 kombinieren. Falls Sie noch eine kleine Starthilfe benötigen: Wie wäre es mit 4, 9, 5 und 16 in der obersten Reihe?

KAUFT EINHEIMISCHE AUTOS!

Der Präsident von Sparland will unbedingt die Staatsausgaben reduzieren. Also ruft er seinen Finanzminister zu sich.

»Wie viele Dienstwagen fahren unsere Diplomaten?«, fragt er.

»200, Herr Präsident.«

»Und wie viele dieser Autos wurden aus dem Ausland importiert?«

»99 Prozent«, erwidert der Minister.

»Unerhört!«, ruft der Präsident. »Verkaufen Sie so viele ausländische Autos, bis 10 Prozent unserer Dienstwagen aus Sparland stammen!«

Wie viele von den 200 Autos muss der Minister verkaufen?

Um diese Aufgabe zu lösen, müssen zwei verschiedene Prozentsätze ausgerechnet werden.

PHILOMENA IM PHYSIKLABOR I

Philomena ist ein Physik-Genie. Eines Tages experimentiert sie im Labor mit Kugellagern, sternförmigen Blöcken und quadratischen Gewichten herum, die sie auf drei Waagen verteilt. Waage A und B sind genau im Gleichgewicht. Wie viele quadratische Gewichte braucht sie, um die sechs sternförmigen Blöcke auf Waage C auszugleichen?

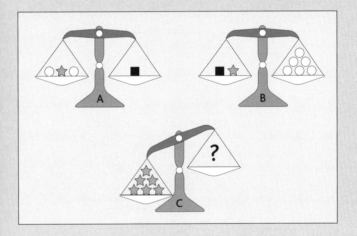

Um diese Aufgabe rasch lösen zu können, müssen Sie sich die entsprechenden Symbole zwischen den Gewichten auf den Waagen wie mathematische Gleichungen vorstellen.

DAS VIDEOSPIEL II

Die Erfinder von Johns Videospiel (vgl. Rätsel 5) hatten offensichtlich eine Vorliebe für Zahlenrätsel. Dieses Mal muss der Protagonist schnell einen Weg durch ein Zahlengitter finden, um die nächste Stufe zu erreichen. Er muss von einem beliebigen Feld in der obersten zu einem beliebigen Feld in der untersten Reihe wandern, darf sich dabei aber nicht diagonal bewegen und nur durch Felder kommen, die durch 7 teilbar sind. Wie macht er das?

96	7	14	77	52	16	97	77	8
78	33	68	29	61	49	28	91	55
22	14	56	84	9	63	22	53	23
33	42	12	98	35	7	29	5	47
28	21	86	17	54	76	49	56	42
91	75	94	14	77	91	84	74	28
70	49	35	28	59	97	24	48	35
77	62	41	34	18	98	63	21	56
13	58	46	68	38	91	50	15	53

Zunächst müssen Sie in Reihe 1 und 2 zwei senkrecht aneinander angrenzende Zahlen finden, die beide durch 7 teilbar sind.

1–2 MINUTEN

RÄTSEL 11 AUFWÄRMEN

WENN MATHEMATIKER SICH VERLIEBEN …

Jamie und Will studieren Mathematik und stellen einander gern Zahlenrätsel. Als Jamie endlich den Mut fasst, Will um eine Verabredung zu bitten, zeigt sie ihm die unten abgebildete Rechenaufgabe und fordert ihn auf: »Versuche diese Gleichung durch Verschieben möglichst weniger Linien zu korrigieren. Wie viele Linien musst du dazu verschieben?«

$$1 + 2 - 51 = 8$$

Achtung: Bei dieser Aufgabe müssen Sie um ein paar Ecken denken!

22

EINE SCHWIERIGE FRAGE FÜR PASCAL

Pascal gibt am Telefon eine Warenbestellung für das Sportgeschäft auf, in dem er arbeitet. Da fragt ihn der Lieferant, ob auch noch Wasserbälle gebraucht werden. Da das Geschäft direkt am Strand liegt, verlangt der Chef, dass stets mindestens 25 Wasserbälle auf Lager sein müssen. Pascal versucht die unten abgebildeten Bälle blitzschnell zu zählen. Auf welche Zahl kommen Sie?

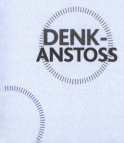

Zählen Sie so schnell wie möglich, notieren Sie sich die Zahl und zählen Sie dann noch einmal. Kommen Sie beim zweiten Mal auf eine andere Summe?

1–2 MINUTEN

RÄTSEL 13 AUFWÄRMEN

WIE DIE ZEIT VERGEHT!

Dieses Zahlencode-Rätsel hat sich ein Professor als kleine Aufwärmübung für seine Philosophiestudenten ausgedacht. Können Sie den Code knacken und die fehlenden Zahlen an die Stelle der Fragezeichen setzen?

1	8	15	22	29
5	?	19	26	5
12	19	26	2	9
16	23	?	7	14

DENK-ANSTOSS

Der Code hat etwas damit zu tun, wie die Zeit vergeht.

24

ANNA – VERZWEIFELT GESUCHT

Kristin arbeitet als Geheimagentin auf einem großen Flughafen und muss dringend mit ihrer Chefin Anna sprechen. Anna hinterlässt jeden Abend einen Zettel mit einer scheinbar willkürlichen Zahlenfolge in einem Schließfach. Wenn die Luft rein ist, enthält das Zahlengitter die Zahl 514 926.

Das heutige Zahlengitter ist unten abgebildet. Kann Kristin gefahrlos mit Anna Kontakt aufnehmen? Sehen Sie irgendwo die Zahl 514 926? Sie kann vorwärts oder rückwärts, waagerecht, senkrecht oder diagonal verlaufen.

7	8	5	9	1	2	7	5	6	5	4	0
5	1	9	2	6	5	1	4	2	9	6	3
5	1	4	3	6	1	6	4	9	3	9	5
2	8	9	9	7	4	9	0	2	1	4	1
5	7	4	1	5	2	0	7	5	4	1	4
5	1	6	7	1	2	8	7	9	9	2	5
5	8	9	2	4	9	6	7	4	0	1	1
4	1	7	8	9	1	0	1	5	5	4	7
5	7	4	1	2	4	5	7	9	4	8	1
5	1	1	2	9	0	1	7	9	4	5	3
5	7	8	1	9	4	1	5	3	1	9	2
5	1	4	1	9	2	6	7	8	5	9	8

Suchen Sie das Gitter zunächst nach Stellen ab, wo die drei Ziffern 514 in ununterbrochener Reihenfolge erscheinen.

ABENTEUERLICHE ÜBERFAHRT

Zwei Paare kommen auf einer Wanderung durch die Wildnis an einen breiten, tiefen Fluss. Die einzige Brücke, die über den Fluss führt, ist kaputt. An der Brücke steht ein Boot mit einem Schild: »Bitte fahren Sie mit dem Boot über den Fluss. Maximales Gewicht: 100 Kilo.«

Die beiden Männer wiegen jeweils ungefähr 100 Kilo; jede ihrer beiden Frauen wiegt etwa 50 Kilo. Wie kommen alle über den Fluss, ohne das Boot zu überladen?

Vielleicht muss der eine oder andere mehrmals hin und her fahren.

GEHEIMNISVOLLE NACHRICHT

Geheimagentin Kristin (vgl. Rätsel 14) sendet ihrer Chefin Anna die unten abgebildete verschlüsselte Nachricht. Hinter dem Sitzplan für eine festliche Abendgesellschaft verbirgt sich der Name eines Doppelagenten, der durch ein Fragezeichen dargestellt ist.

In Kristins Nachricht sind den Buchstaben je nach ihrer Position im Alphabet die Zahlen 1 bis 26 zugeordnet. Um den fehlenden Buchstaben zu finden, der an die Stelle des Fragezeichens gehört, muss Anna den geheimnisvollen Code knacken.

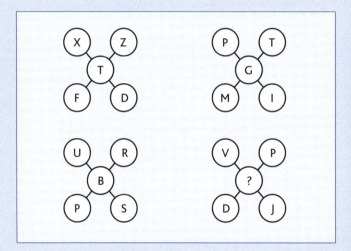

Sobald Sie die Buchstaben in Zahlen »übersetzt« haben, sollten Sie versuchen, die Beziehungen zwischen den Zahlen in den vier »Tischordnungen« herauszufinden.

MITTEL-SCHWERE
Rätsel für
SCHNELLES DENKEN

Der zweite Teil enthält Rätsel von mittlerem Schwierigkeitsgrad, bei denen Ihre Fähigkeit, schnell zu denken, schon ein bisschen mehr gefordert wird. Wahrscheinlich haben Sie inzwischen schon etwas Übung darin, knifflige Denkaufgaben schnell und richtig zu lösen. Dadurch können Sie jetzt auch eher ruhig bleiben, selbst wenn Sie unter Druck stehen. Denken Sie daran: Schnelldenken hat nichts mit übermäßiger Eile zu tun! Um richtig denken zu können, müssen Sie sich den Blick fürs Detail bewahren. Diese Rätsel werden Ihnen helfen, visuelle Informationen und Zahlen noch schneller aufzunehmen und Muster rasch und richtig zu erkennen.

ZAHLENTANZ I

Für den Ball der mathematischen Fakultät am Semesterende möchte ein Professor neben der Tanzfläche eine Tafel mit blinkenden Zahlenfeldern aufstellen. Zwei Studenten montieren die Lämpchen wie vorgesehen; doch dann hat ein Kollege des Professors eine noch bessere Idee: Er bittet die Studenten, einige Zahlen so abzudunkeln, dass es in keiner Reihe oder Spalte Zahlendubletten gibt. Außerdem dürfen keine zwei abgedunkelten (schwarzen) Zahlen waagerecht oder senkrecht nebeneinanderliegen (über Eck dürfen sie sich jedoch berühren), und jedes beleuchtete Zahlenfeld muss waagerecht und/oder senkrecht mindestens an ein anderes beleuchtetes Feld angrenzen.

3	2	5	2	2	7	7	6
6	5	4	1	7	5	2	3
5	2	4	6	4	5	7	4
1	7	3	2	6	6	4	4
3	6	4	5	3	2	4	1
4	7	7	6	6	4	1	7
5	1	2	3	6	4	6	7
3	4	2	7	5	3	7	2

Achten Sie darauf, in welchen Reihen oder Spalten jede Zahl nur einmal vorkommt. Denken Sie daran, dass die beleuchteten Zahlenfelder waagerecht und/oder senkrecht aneinander angrenzen müssen.

DAS L-GITTER

Ed hat sich dieses knifflige Rätsel für seine Freundin Lola ausgedacht. »Schau dir die vier L-Formen rund um das Gitter an«, sagt er. »In das Gitter habe ich insgesamt zwölf L-Formen (drei von jeder Art) eingesetzt. Kannst du mir sagen, wo diese zwölf L-Formen sind? Jedes L hat irgendwo ein Loch. Man kann die L-Formen auch drehen oder auf den Kopf stellen, ehe man sie in das Gitter einsetzt. Es dürfen sich niemals zwei gleiche L-Formen berühren, nicht einmal über Eck. Die zwölf Teile passen so genau ineinander, dass es keine Lücken dazwischen gibt, sondern nur die Löcher zu sehen sind.«

Können Sie Lola helfen?

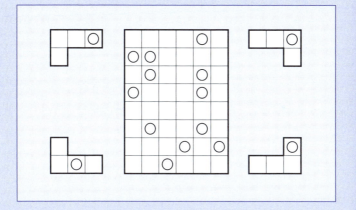

Für dieses Rätsel bekommen Sie mehr Zeit, weil Ihr Visualisierungsvermögen dabei sehr stark gefordert ist.

3–4 MINUTEN

RÄTSEL 19 BASISTRAINING

MRS. NELSONS ZAHLENFLIESEN II

Da Mrs. Nelsons Mathematikschüler das erste Zahlengitter gut lösen konnten (vgl. Rätsel 4), hat sie sich dieses Mal eine etwas schwierigere Aufgabe ausgedacht. »Legt die acht Fliesen so in das leere Gitter, dass an den Rändern stets gleiche Zahlen aneinander angrenzen. Ihr dürft die Fliesen auch drehen, aber nicht auf den Kopf stellen.«

DENK-ANSTOSS

Nur bei einer der links abgebildeten Fliesen liegen zwei Einser nebeneinander.

PHILOMENA IM PHYSIKLABOR II

Wieder experimentiert Philomena im Physiklabor mit Kugellagern, sternförmigen Blöcken und quadratischen Gewichten, die sie auf drei Waagen verteilt (vgl. Rätsel 9). Diesmal stellt sie ihrer Freundin Tanja eine Denkaufgabe. »Waage A und B sind genau im Gleichgewicht«, sagt sie. »Wie viele quadratische Gewichte brauchst du, um Waage C auszugleichen?«

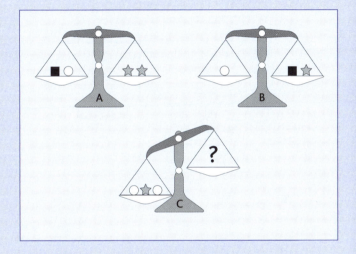

Auf welcher Waagschale liegt nur ein einziges Gewicht?

3–4 MINUTEN

RÄTSEL 21 BASISTRAINING

CLEVERE SCHACHZÜGE

Ein Mathematikstudent hat einen Job im Hotel SCHACH. Das Hotel hat 16 Zimmer, und er verfolgt das Reinigungspersonal auf seinem Rundgang, indem er eine Schachfigur auf einem Brett herumschiebt (siehe unten). Wie viele Möglichkeiten gibt es für die Figur, von links oben (A) nach rechts unten (B) zu gelangen, wenn sie sich immer nur in Richtung eines der drei Pfeile bewegt?

DENK-ANSTOSS

Vergessen Sie nicht: Es handelt sich um einen Mathe-Studenten! Das heißt, dass Sie bei dieser Aufgabe rechnen müssen. Suchen Sie nach einem raschen Weg, sämtliche möglichen Züge der Figur zu berechnen.

34

VERWECHSELTE STEMPEL II

Dieses Mal hat der Inhaber des Stempelgeschäfts (vgl. Rätsel 6) ein paar Computerdesigns für Stempel an die Fabrik geschickt, doch die Mail wurde nicht richtig übertragen. Deshalb sind die Stempeldesigns jetzt verzerrt. Zu allem Überfluss hat er dann auch noch die Stempel und deren Abdrucke fallen lassen, sodass sie durcheinandergeraten sind. Können Sie ihm helfen, wenigstens jedem Stempel den richtigen Abdruck zuzuordnen?

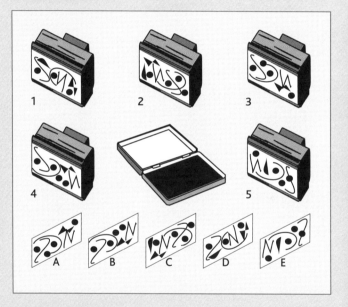

Achten Sie zunächst auf auffallende Elemente der Designs, z. B. das Zickzackmuster rechts unten auf Stempel 4.

3–4 MINUTEN

RÄTSEL 23 BASISTRAINING

ZAHLENHÜPFEN

Wesley betreut Teenager in einem Sommercamp. Er zeichnet das unten abgebildete Zahlenmuster in den feuchten Sand am Ufer des Sees und verkündet: »Wer von euch als Erster so von der 2 am oberen zu der 10 am unteren Ende hüpft, dass dabei eine positive Summe entsteht, dem spendiere ich ein Eis. Aber ihr dürft nicht diagonal hüpfen und euren eigenen Weg auch niemals kreuzen!«

Dieses Rätsel lässt sich nur durch Versuch und Irrtum lösen – aber vergessen Sie dabei die Zeit nicht!

KINO-RÄTSEL

Jamie und Will haben ihr erstes Rendezvous sehr genossen (vgl. Rätsel 11). Zum Schluss zeigt er ihr das unten abgebildete Symbolgitter: Wenn sie diese Aufgabe innerhalb von vier Minuten lösen kann, will er die Kinokarten fürs nächste Treffen spendieren. »Jedes Symbol (Kreis, Kreuz, Fünfeck, Quadrat und Stern) steht für eine andere Zahl«, erklärt er ihr. »Wie müssen diese Zahlen lauten, damit am Ende der Reihen und Spalten die richtigen Summen herauskommen?«

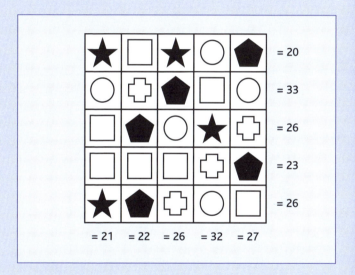

Die vierte Reihe von oben ist ein guter Startpunkt, weil sie drei Quadrate enthält.

BUCHSTABENSALAT I

Eric hat in seiner Bar einen »Buchstabensalat-Tisch« aufgestellt. Der Tisch ist in sechs Bereiche unterteilt, die jeweils aus sechs Quadraten bestehen. Auf der Tischplatte hat Eric 16 Buchstaben angebracht (siehe unten). Seine Stammgäste sollen das Muster so vervollständigen, dass jede Reihe, jede Spalte und jede dick umrandete Form jeweils die Buchstaben A bis F enthält.

	A	B		E	
E					B
	D	F			C
B			D		
C		E			A
	B		F	C	

Zeichnen Sie Ihre Lösungsmöglichkeiten dünn mit Bleistift in die oberen Ecken der einzelnen Felder!

MURMELN ZÄHLEN

Ethan und Chloe haben den ganzen Tag Murmeln gespielt. Jetzt müssen sie sich über ihren Punktestand klar werden. Ethan hat Chloe die gleiche Anzahl Murmeln gegeben wie die, mit denen sie ursprünglich angefangen hat. Dann gab Chloe Ethan so viele Murmeln zurück, wie er übrig hatte. Zum Schluss gab Ethan Chloe so viele Murmeln, wie sie übrig hatte. Danach hatte er gar keine Murmeln mehr, und Chloe hat jetzt 80. Mit wie vielen Murmeln haben die beiden angefangen?

DENK-ANSTOSS

Rollen Sie das Rätsel von hinten auf. Von da brauchen Sie nur noch einen einfachen Schritt rückwärts zu denken – von dem Zeitpunkt, an dem Chloe 80 Murmeln hat, bis zu dem Punkt, an dem beide Spieler die gleiche Anzahl Murmeln haben.

3–4 MINUTEN

RÄTSEL 27 BASISTRAINING

WER KNACKT DEN CODE?

Der Professor (vgl. Rätsel 13) überrascht seine Studenten beim Logik-Test am Ende des Semesters mit diesem Zahlenfolgenrätsel. Dazu gibt er ihnen folgende einfache Anweisung: Knackt den Zahlencode und vervollständigt die Zahlenfolge, indem ihr die Fragezeichen durch die fehlenden Zahlen ersetzt.

> 1 2 2 4 8 11 ? 37 148
> 153 765 771 ? 4633

DENK-ANSTOSS

Schauen Sie sich die ersten vier Zahlen genau an: Welche Beziehung besteht zwischen ihnen?

40

NOCH MEHR SYMBOLE

Wie in Rätsel 1 steht auch hier jedes Symbol für eine andere ganze Zahl. Keine dieser Zahlen ist kleiner als 1. Welche Zahlenwerte müssen Sie den einzelnen Symbolen zuordnen, damit am Ende jeder Gleichung die richtige Summe steht?

$$\frac{\triangle}{4} - \frac{\star}{3} = 7$$

$$\square + \frac{\bigcirc}{3} = \frac{\triangle}{5}$$

$$\frac{\square}{4} = \heartsuit$$

Das Dreieck muss für eine Zahl stehen, die sowohl durch 4 als auch durch 5 teilbar ist, da sonst bei den beiden Brüchen keine ganzen Zahlen herauskommen.

3–4 MINUTEN

RÄTSEL 29 BASISTRAINING

JONGLIEREN MIT SECHSECKEN I

Eine Philosophie-Studentin arbeitet in einer Bar, in der es sechseckige Getränkeuntersetzer gibt. Als neue Untersetzer geliefert werden, denkt sie sich folgende Aufgabe für ihre Kollegin aus: »Lege die Sechsecke so in das Gitter in der Mitte, dass die an den Rändern der Sechsecke aneinander angrenzenden Dreiecke jeweils die gleiche Zahl enthalten. Du darfst aber keines der Sechsecke drehen!«

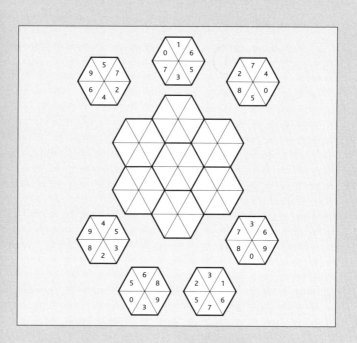

Suchen Sie nach Zahlenpaaren.

ANNAS CODE

Diesmal muss Anna (vgl. Rätsel 16) ihrem Vorgesetzten Mike einen Doppelagenten verraten. Genau wie Kristin versteckt sie ihre Nachricht in einer Sitzordnung und erfindet einen Code, den man knacken muss, um auf den Buchstaben, hinter dem sich der Name des Agenten (das Fragezeichen) verbirgt, zu kommen. Wieder sind den Buchstaben je nach ihrer Position im Alphabet die Zahlen 1 bis 26 zugeordnet, aber der Code ist anders. Können Sie Mike helfen, ihn zu knacken?

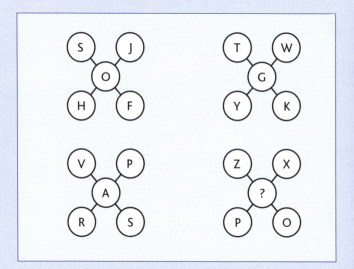

Wenn Sie die Zahlen in Buchstaben umgewandelt haben, müssen Sie noch ein bisschen weiter nachdenken.

3–4 MINUTEN

RÄTSEL 31 BASISTRAINING

WIE VIEL WIEGT DER ALLIGATOR?

Chuck hat im Sumpf einen kleinen Alligator gefangen und ihn auf die Waage gelegt. Schon allein der Schwanz wiegt rund 35 Kilo. Der Kopf wiegt genauso viel wie der Schwanz und die Hälfte des Körpers. Der Körper wiegt so viel wie Kopf und Schwanz zusammen. Wie viel wiegt der ganze Alligator?

DENK-ANSTOSS

Bei diesem Rätsel ist Ihre mathematische Logik gefragt. Versuchen Sie es in Form einer Gleichung aufzuschreiben.

DAS VIDEOSPIEL III

Beim nächsten Schwierigkeitsgrad von Johns Videospiel (vgl. Rätsel 5 und 10) befindet sich der Protagonist in einem wunderschönen Ballsaal. Dieses Mal muss er den Saal von links oben (1) nach rechts unten (6) durchqueren und darf sich dabei entweder waagerecht, senkrecht oder diagonal bewegen. Er darf auf jedes Feld nur einmal kommen und soll die Zahlen in der Reihenfolge 1-2-3-4-5-6-1-2-3-4-5-6 usw. durchlaufen.

1	2	3	5	6	1
6	5	4	4	3	2
1	4	5	4	5	6
2	3	6	1	3	1
4	3	2	3	4	2
5	6	1	2	5	6

Ist John ein »Querdenker«? Die meisten seiner ersten sechs Züge verlaufen waagerecht.

3–4 MINUTEN

RÄTSEL 33 BASISTRAINING

LAUTER SCHIRME ...

Maggie arbeitet in der Garderobe eines Restaurants in einer verregneten Stadt im Norden. Aus Platzgründen will der Besitzer nicht mehr als 30 Regenschirme aufbewahren. Dummerweise hat ihre neue Assistentin die Schirme aufgespannt in ein kleines Zimmer gestellt. Als Maggies Schicht beginnt, muss sie auf einen Blick entscheiden, ob noch mehr Schirme Platz haben, denn es kommt bereits ein neuer Gast mit einem Regenschirm. Wie viele Schirme stehen in dem Zimmer?

Versuchen Sie, die Schirme in Reihen zu zählen.

46

WIE VIELE QUADRATE?

Der Mathestudent hat seinem Kommilitonen, ebenfalls ein Mathematik-Genie, auch einen Job im Hotel SCHACH verschafft (vgl. Rätsel 21). Eines Tages sitzen die beiden über einem Kreuzworträtsel. »Wie viele Quadrate (egal welcher Größe und Art) siehst du in dem Kreuzworträtsel?«, fragt er seinen Freund und gibt ihm dazu noch einen kleinen Tipp: »Es sind entweder 12, 38, 51, 114, 131 oder 142.«

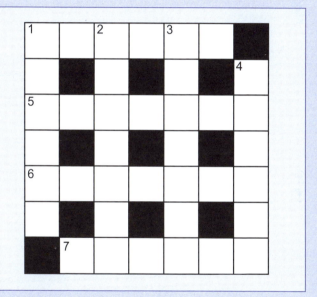

Genau wie Rätsel 21 ist das hier eigentlich eine Rechenaufgabe. Oder doch nicht?

SCHWERE Rätsel für SCHNELLES DENKEN

Um die Rätsel im dritten Teil zu lösen, müssen Sie Ihre grauen Zellen schon ein bisschen mehr anstrengen, denn er enthält die schwierigsten Aufgaben. Unsere Spiele, Rätsel und Denksportaufgaben steigern Ihr Konzentrationsvermögen. Außerdem lernen Sie dabei, Aufgaben schnell und genau zu erfassen. Zwei häufige Fehler bei »Schnelldenkaufgaben« bestehen darin, dass man entweder in Panik gerät oder eine Frage oder Situation falsch versteht – und dadurch Zeit verliert. Also seien Sie auf der Hut! Denken Sie daran, wie wichtig es ist, sich genau auf die Aufgabenstellung zu konzentrieren.

ZAHLENNETZ I

Drei Studenten arbeiten als Reinigungskräfte in einem Themenpark. Zwei von ihnen denken sich folgendes Rätsel für ihren Freund aus: »Jedes der acht Segmente dieses Spinnennetzes soll so mit den Zahlen 1 bis 8 ausgefüllt werden, dass jeder Ring die Zahlen 1 bis 8 enthält, und zwar ohne Dubletten. Die Segmente verlaufen vom äußeren Rand des Netzes zur Mitte und die Ringe laufen rund um das ganze Netz.« Einige Zahlen sind schon eingefügt. Können Sie helfen?

Bei diesem schwierigen Rätsel ist auch Ihr Blick für die großen Zusammenhänge gefragt. Und es gibt noch einen Tipp: Der äußere Ring enthält von rechts oben im Uhrzeigersinn die Zahlen 5, 4, 7, 2, 8, 6, 1, 3.

LOLAS L-GITTER

Lola hat sich für Ed ein noch schwierigeres L-Gitterrätsel ausgedacht (vgl. Rätsel 18). »Es gelten die gleichen Regeln wie vorher: Ich habe insgesamt zwölf L-Formen (drei von jeder Art) in das Gitter eingesetzt. Kannst du mir sagen, wo diese zwölf L-Formen sind? Jedes L hat irgendwo ein Loch. Man kann die L-Formen auch drehen oder auf den Kopf stellen, ehe man sie in das Gitter stellt. Es dürfen sich niemals zwei gleiche L's berühren, nicht einmal über Eck. Die zwölf Teile passen so genau ineinander, dass es keine Lücken dazwischen gibt, sondern nur die Löcher zu sehen sind.«

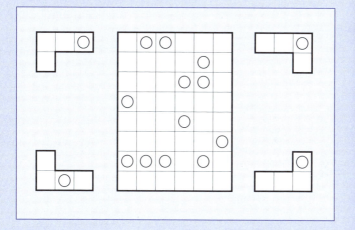

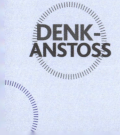

Die drei Kreise, die im oberen rechten Teil des Gitters ein Dreieck bilden, sind ein guter Startpunkt.

5–6 MINUTEN

PHILOMENA IM PHYSIKLABOR III

RÄTSEL 37 INTENSIVTRAINING

Wieder experimentiert Philomena im Physiklabor mit Kugellagern, sternförmigen Blöcken und quadratischen Gewichten, die sie auf drei Waagen verteilt (vgl. Rätsel 9 und 20). Dieses Mal stellt sie ihrer Freundin eine neue Denkaufgabe. »Waage A und B sind genau im Gleichgewicht«, sagt sie. »Wie viele quadratische Gewichte brauchst du, um Waage C auszugleichen?«
Können Sie der Freundin helfen?

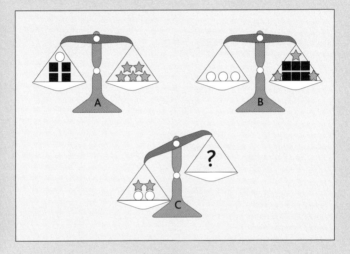

DENK-ANSTOSS

Sie müssen die Werte auf einigen der Waagen multiplizieren.

52

ÄPFEL UND BIRNEN

Gustav bewirbt sich für einen Job auf dem Markt in seiner Stadt. »Schau mal in dieses Obstfass hinein«, fordert ein Händler ihn auf. »Wie viele Äpfel und wie viele Birnen sind da drin?«

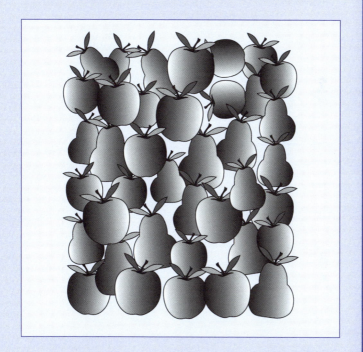

Legen Sie ein Blatt Papier auf die Abbildung, das Sie nach und nach immer weiter herunterziehen. Das erleichtert Ihnen das Zählen.

5–6 MINUTEN

RÄTSEL 39 — INTENSIVTRAINING

BUCHSTABENSALAT II

Eric hat einen weiteren »Buchstabensalat-Tisch« für seine Bar bestellt (vgl. Rätsel 25). Der Tisch ist in acht Bereiche unterteilt, die jeweils aus acht Quadraten bestehen. Auf der Tischplatte hat Eric 21 Buchstaben angebracht (siehe unten). Das Muster soll so vervollständigt werden, dass jede Reihe, jede Spalte und jede dick umrandete Form jeweils die Buchstaben A bis H enthält.

D		A	G		B	F	
F	C				A		
	A		E		H	D	
			C	A			
	D					B	
	H		D	C	E		G
	G			B		H	
H		D	F			C	

DENK-ANSTOSS Versuchen Sie, das Rätsel zusammen mit anderen (Freunde oder Familie) zu lösen – oder fotokopieren Sie die Seite und machen Sie einen Wettbewerb mit Zeitlimit daraus.

DAS SCHACHRÄTSEL

Zwei Mönche spielen gerne Schach und stellen einander hin und wieder Schachrätsel. Folgendes Rätsel hat sich einer der beiden Mönche für den anderen ausgedacht: »Stelle vier Damen so auf das unten abgebildete Schachbrett, dass die Zahl in jedem nummerierten Feld für die Anzahl der Damen steht, die dieses Feld bedrohen.«

	3		1	3
			1	
			3	
	4			

Zur Erinnerung: Eine Dame kann beliebig viele Felder in waagerechter, senkrechter oder diagonaler Richtung zurücklegen.

ZAHLENTANZ II

Der Mathematik-Professor hat sich wieder eine neue Beleuchtung für eine Tanzveranstaltung der mathematischen Fakultät ausgedacht (vgl. Rätsel 17). Wie beim letzten Mal enthält jedes Feld eine Zahl. Einige Felder sollen so abgedunkelt werden, dass es in keiner Reihe oder Spalte Zahlendubletten gibt. Außerdem dürfen keine zwei abgedunkelten (schwarzen) Felder waagerecht oder senkrecht nebeneinanderliegen (über Eck dürfen sie sich jedoch berühren), und jedes beleuchtete Zahlenfeld muss waagerecht und/oder senkrecht mindestens an ein anderes beleuchtetes Feld angrenzen.

7	7	5	8	4	1	6	2	3	2
6	4	4	7	5	5	1	8	1	6
8	6	4	5	2	5	7	3	5	1
3	6	1	5	8	2	5	4	7	6
2	3	8	2	7	5	1	2	5	8
2	1	5	4	5	8	5	6	1	3
7	4	6	3	1	6	4	5	2	8
5	8	2	6	3	6	3	1	4	7
5	5	4	1	6	3	8	2	3	4
1	2	7	6	7	4	3	3	8	5

Die Siebener- und Zweierdubletten in der obersten Reihe sind ein guter Anfang.

RENDEZVOUS MIT HINDERNISSEN

Jamie und Will (vgl. Rätsel 11 und 24) sind inzwischen ein Paar und versuchen, weitere Liebesbeziehungen zu stiften. Sie schicken ihren Freunden, die beide Single sind, eine geheimnisvolle Einladung zu einem »Blind Date« in einem Restaurant. Aber sie verschlüsseln die Hausnummer des Lokals in einem Symbolgitter. Wie in Rätsel 24 steht jedes Symbol für eine andere Zahl. Welchen Zahlenwert müssen Kreis, Kreuz, Fünfeck, Quadrat und Stern haben, damit am Ende der Reihen und Spalten die richtigen Summen herauskommen? Nebeneinander gesetzt, ergeben diese Zahlen die Hausnummer des Lokals, in dem sich die beiden Freunde treffen sollen.

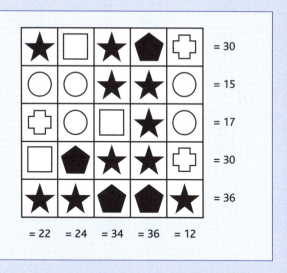

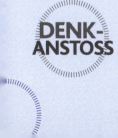

Beginnen Sie mit den Reihen und Spalten, in denen sich die Symbole am häufigsten wiederholen – z. B. in der zweiten Reihe von oben oder der zweiten Spalte von rechts.

ZAHLENRÄTSEL

Jeden Tag veranstaltet Andi für die Kellner in seinem Restaurant einen Zahlenrätsel-Wettbewerb. Zuerst müssen sie die unten abgebildeten Rechenaufgaben lösen und diese Zahlen dann in dem Gitter suchen. Die Zahlen dürfen vorwärts oder rückwärts, waagerecht, senkrecht oder diagonal verlaufen, müssen aber immer eine zusammenhängende Linie bilden.

1 3872 + 38782
2 119384,392 + 300048,954
3 65843 x 345
4 83474 + 8562234
5 999 x 99

6 9815901438 − 48257822
7 843 + 1247 + 96523
8 4275 x 532
9 643 + 74323 + 64321 + 64322
10 43782 x 539

8	4	2	3	5	9	8	4	9	8	1	9
1	2	8	2	7	5	6	7	8	2	7	1
5	4	2	2	7	4	3	0	0	6	4	9
9	4	6	8	9	1	5	9	7	5	1	0
8	1	2	4	9	4	5	6	9	4	2	4
6	8	9	0	3	2	4	8	1	3	2	9
1	2	3	4	9	3	3	5	3	6	7	0
3	0	7	3	6	7	3	4	5	5	9	6
3	8	9	1	4	9	8	4	3	9	0	3
8	5	6	8	5	9	6	5	9	8	7	0
8	9	7	4	9	2	1	2	7	1	8	2
8	0	7	5	4	6	8	4	1	7	4	0

KALTBLÜTIGER MORD

5–6 MINUTEN

RÄTSEL 44 — INTENSIVTRAINING

Katherina hat wieder einmal ihren berühmten Punsch gemixt. Im Kreis ihrer Angehörigen gießt sie sich ein Glas ein, prostet allen zu und verabschiedet sich dann, weil sie dringend zum Flughafen muss, wo ein Privatjet nach Aspen auf sie wartet.

Drei Stunden später ist die ganze Familie tot – außer Katherina – und Katherina ist die Alleinerbin des gigantischen Familienvermögens. Die Polizei untersucht den Punsch und stellt fest, dass er vergiftet war. Natürlich gerät Katherina in Verdacht. Doch laut Aussagen der Bediensteten hat sie selbst ein Glas von dem Punsch getrunken und ist dann fortgefahren, ohne den Krug mit dem Getränk noch einmal anzurühren. Während ihre Angehörigen starben, vergnügte sie sich zusammen mit anderen auf den Skipisten von Aspen. Ihr Alibi scheint hieb- und stichfest zu sein.

Natürlich hat Katherina ihre Familie umgebracht. Aber wie?

DENKANSTOSS

Katherinas »Waffe« funktionierte, weil die Wirkung mit zeitlicher Verzögerung eintrat.

59

5–6 MINUTEN

STRESS IM SPIELZIMMER

Die beiden Handwerker stehen schon wieder unter Zeitdruck (vgl. Rätsel 2). Dieses Mal verlegen sie Fliesen im Spielzimmer des Clubs, haben aber wieder einmal den Plan des Innenarchitekten verlegt, und in ein paar Minuten will der Geschäftsführer vorbeikommen, um zu sehen, wie weit sie sind. »Verlege schnell die letzte Fliese, ehe der Chef kommt«, flüstert der eine dem anderen zu. Können Sie helfen? Welche der vier Fliesen (A bis D) passt in das Muster?

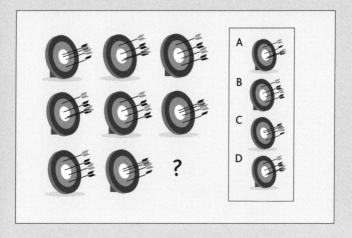

Sie müssen die Dartscheiben in ihre Einzelelemente zerlegen.

ZAHLENGITTER

Tony hat den Job bei der Bank bekommen (vgl. Rätsel 7) und sich jetzt ein ähnliches Zahlengitter-Rätsel für seine Freunde ausgedacht. »Fügt die Zahlen 9, 10, 10, 13, 14, 14, 16, 17, 17, 18, 18, 19, 19, 22, 25 und 27 so in das Gitter ein, dass jede waagerechte, senkrechte und diagonale Reihe die Summe 67 ergibt. Wer das Rätsel als Erster löst, dem spendiere ich ein Bier.«

Können Sie den beiden Freunden helfen?

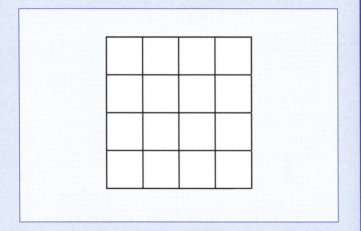

Notieren Sie sich die verschiedenen möglichen Kombinationen, in denen die Zahlen die Summe 67 ergeben können.

ZAHLENNETZ II

Wieder hat sich einer der drei Freunde ein Spinnennetz-Rätsel für die anderen ausgedacht (vgl. Rätsel 35). Jedes der acht Segmente des Netzes soll so mit den Zahlen 1 bis 8 ausgefüllt werden, dass jeder Ring ebenfalls die Zahlen 1 bis 8 enthält, und zwar ohne Dubletten. Die Segmente verlaufen vom äußeren Rand des Spinnennetzes zur Mitte und die Ringe laufen rund um das ganze Netz. Einige Zahlen sind schon eingefügt. Können Sie helfen, das Netz fertig auszufüllen?

Falls Sie wirklich nicht weiterwissen: Der äußerste Ring enthält (von oben rechts im Uhrzeigersinn) die Zahlen 7, 1, 2, 3, 8, 4, 5, 6.

GEHEIMNISVOLLE ZAHLEN IM SAND

In dem Sommercamp, in dem Wesley arbeitet (vgl. Rätsel 23), unterhält er sich bei einem Grillabend mit ein paar besonders intelligenten Schülern darüber, wie wichtig es ist, Gesetzmäßigkeiten, die sich hinter Zahlenfolgen verbergen, möglichst rasch zu erkennen. Am nächsten Morgen hat Wesley ein paar Zahlen in den feuchten Sand am Ufer des Sees gezeichnet. »Wer von euch erkennt als Erster das Muster hinter diesen Zahlen und kommt auf die fehlende Zahl? Dem Gewinner schenke ich eine Frisbee-Scheibe!«, verspricht er.

97,263
25,298
13,452
?
3,420

Trennen Sie gerade und ungerade Ziffern voneinander.

5–6 MINUTEN

RÄTSEL 49 INTENSIVTRAINING

JONGLIEREN MIT SECHSECKEN II

Wieder denkt sich die Philosophie-Studentin ein Getränkeuntersetzer-Rätsel für ihre Kollegin (vgl. Rätsel 29) aus: »Lege die Sechsecke so in das Gitter in der Mitte, dass die an den Rändern der Sechsecke aneinander angrenzenden Dreiecke jeweils die gleiche Zahl enthalten.« Wie üblich darf man keines der Sechsecke drehen. Können Sie der Kollegin helfen?

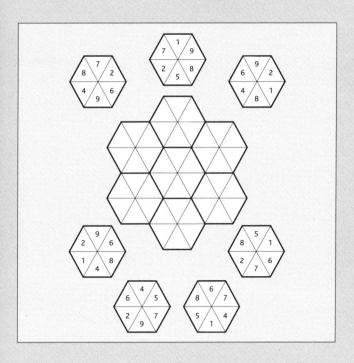

Versuchen Sie, dieses Rätsel in noch kürzerer Zeit zu lösen als links oben angegeben!

64

DER GROSSE COUP

Jesse Jakes' Gangsterbande hat einen Zug überfallen und einen großen Sack Münzen erbeutet. Ein paar Tage später treffen sich die Räuber, um sich die Beute zu teilen. Jesse hat einen Plan: »Ich nehme € 100,– und ein Sechstel von dem, was dann noch übrig ist«, sagt er. »Dann soll Pete € 200,– und ein Sechstel von dem nehmen, was anschließend noch übrig ist. Dann nimmt Doc € 300,– und ein Sechstel von dem, was noch übrig ist. Billy bekommt € 400,– und ein Sechstel von dem, was noch übrig ist. Der Rest geht an Bobby.«

Das gefällt Bobby gar nicht. Doch eigentlich braucht er sich nicht zu sorgen: Jesse hat die Beute so gerecht verteilt, dass jeder genau den gleichen Anteil erhält. Wie viel Euro enthielt der Sack?

Wie viele Räuber müssen sich die Beute miteinander teilen? Das ist der Schlüssel zur Lösung des Problems.

DIE
HERAUS-
FORDERUNG

Im letzten Teil können Sie die »Schnelldenkfähigkeiten«,
die Sie inzwischen entwickelt haben, in der Praxis
anwenden. Sie werden eine Reihe schwieriger Probleme
zu lösen haben, wie sie beinahe auch im täglichen Leben
vorkommen könnten – und zwar unter Zeitdruck. Denken Sie zunächst über realisierbare Schritte nach,
die Sie vielleicht nicht gleich bis ans Endziel führen,
doch zumindest ein Stückchen weiterbringen. Bleiben
Sie ruhig, denken Sie positiv und verlieren Sie nicht die
Motivation! Es liegt an Ihnen, ob Sie Herausforderungen
als Bedrohung oder als Chance betrachten. Gerade
die schwierigsten Situationen spornen uns
oft zu Höchstleistungen an.

WIE KOMMEN SIE
ZUR FLANDERS HALL?

Heute ist wirklich nicht Ihr Tag. Es kommt ein Problem nach dem anderen auf Sie zu, das blitzschnell gelöst werden muss – sonst kommen Sie nicht mehr rechtzeitig zu dem Ort, an dem Sie Ihr Seminar abhalten müssen. Und dieses Seminar ist sehr wichtig für Sie, denn Sie sind auf der Suche nach Arbeit, und einige der Teilnehmer, die sich zu dem Seminar angemeldet haben, könnten lukrative Aufträge für Sie haben.

Die Zeit drängt. Sie müssen etliche Hürden überwinden und sehr findig sein, um zu dem Seminarort zu kommen. Lesen Sie den Text zwei- bis dreimal durch und notieren Sie sich wichtige Stichworte und Ideen in der Randspalte. Erinnern Sie sich an Malcolm Gladwells Konzept der unterbewussten Spontanentscheidungen, die wir häufig treffen (siehe Seite 7) – können Sie sich diese blitzartigen Erkenntnisse Ihres Unterbewusstseins zunutze machen, um die Hindernisse auf dem Weg zum Seminarort zu überwinden?

Für diese Aufgabe brauchen Sie wahrscheinlich verschiedene Fähigkeiten: logisches und taktisches Denken zur Beurteilung von Lösungsmöglichkeiten; kreatives Denken, um unerwartete Chancen zu entdecken; und vielleicht auch Querdenken, um schnell zu einer ungewöhnlichen Lösung zu gelangen. Vor allem aber dürfen Sie nicht in Panik geraten. Behalten Sie Ihr Ziel im Auge und versuchen Sie, es in angemessenen Schritten zu erreichen. Suchen Sie nach einer schnellen, praxisorientierten Lösung.

10–15 MINUTEN

DIE HERAUSFORDERUNG

»Wollen Sie schnell denken lernen?«, heißt es in der Annonce. »Seminar: Dienstag, 11. November, 11 Uhr, Flanders Hall.«

Dieses Seminar sollen Sie leiten. Doch leider geht heute alles schief. Um zehn Uhr vormittags sitzen Sie in einem gefährlichen Stadtteil zusammen mit einem Dieb in einem Auto fest. Zu dieser misslichen Situation ist es folgendermaßen gekommen:

Sie stehen morgens in aller Frühe auf und ziehen einen eleganten weißen Anzug an, denn eine der Übungen in Ihrem Seminar spielt auf Szenen aus dem Film *Der Mann im weißen Anzug* an. Sie tragen heute sogar die kostbare Armbanduhr Ihres Vaters, weil Sie glauben, dass sie Ihnen Glück bringt.

Sie packen Ihre umfangreichen Seminarunterlagen ein und verlassen das Haus um halb neun. Bis zur Flanders Hall sind es nur 45 Minuten. Sie werden also kurz nach neun Uhr dort sein und haben so noch genügend Zeit, um die nötigen Vorbereitungen im Seminarraum zu treffen. Seit einiger Zeit sind Sie schon ohne Aufträge, und dieses Seminar ist eine große Chance für Sie: 20 Teilnehmer haben sich dazu angemeldet.

Sie packen Ihre Seminarunterlagen ins Auto, aber der Motor springt

NOTIZEN

10–15 MINUTEN

DIE HERAUSFORDERUNG

NOTIZEN

nicht an. Der Tank ist leer. Also bestellen Sie sich ein Taxi, laden die Seminarunterlagen um und lassen sich zur Flanders Hall fahren. Doch unterwegs gerät das Taxi in einen Stau und macht einen Umweg durch ein ziemlich verrufenes Stadtviertel. Dort wird es von hinten von einem großen Lkw gerammt.

Inzwischen ist es schon Viertel vor zehn. Das Taxi ist zu beschädigt, um noch weiterfahren zu können. Sie beschwören den Taxifahrer, Ihnen doch wenigstens die Seminarmaterialien herauszugeben, doch der Kofferraum des Taxis ist eingedrückt und geht nicht mehr auf.

Mit wachsender Verzweiflung schauen Sie sich in der schmutzigen Straße um. Da gibt es ein Café, ein Pfandleihhaus, einen kleinen Autoverleih, einen Lebensmittelladen und ein Herrenbekleidungsgeschäft. »Ein Mietwagen«, denken Sie. »Das ist die Lösung. Ich muss unbedingt zur Flanders Hall kommen – notfalls auch ohne Seminarunterlagen.« Während der Mitarbeiter des Autoverleihs Ihren Mietwagen holt, kaufen Sie sich eine Tasse Kaffee. »Irgendwie ist mir diese Gegend nicht geheuer«, denken Sie und halten Ihre Schultertasche mit Portemonnaie, Kreditkarten und Handy fest umklammert. Sie sehen

10–15 MINUTEN

DIE HERAUSFORDERUNG

NOTIZEN

wie ein Polizeiauto vorbeifährt und dann um die nächste Ecke biegt.

Da kommt plötzlich ein Mann auf Sie zugerannt, reißt Ihnen die Tasche aus dem Arm und schüttet dabei den ganzen Kaffee über Ihren weißen Anzug. Beim Handgemenge mit dem Dieb zerreißt zu allem Übel auch noch Ihr Jackett. Sie verfolgen ihn ein paar Meter weit, aber er ist blitzschnell verschwunden. »Die Kreditkarten kann ich sperren lassen«, denken Sie. »Hauptsache, ich komme rechtzeitig zur Flanders Hall.«

Da kommt der Mietwagen. Der Autovermieter wirft einen skeptischen Blick auf Ihren zerrissenen Anzug mit den Kaffeeflecken, gibt Ihnen aber trotzdem die Autoschlüssel. Sie steigen ein: Es ist das gleiche Modell wie Ihr eigener Wagen.

In diesem Augenblick kommt ein Mann aus dem Pfandleihhaus gerannt, springt auf den Rücksitz Ihres Mietwagens und schreit: »Fahr los! Bring mich hier weg!« Er hat einen Revolver.

Wie kommen Sie jetzt zur Flanders Hall? Und wie sollen Sie ohne Unterlagen Ihr Seminar abhalten? Was machen Sie mit Ihrem beschädigten Anzug? Was tun Sie – oder besser gesagt: Was denken Sie?

DIE
LÖSUNGEN

Versuchen Sie, die Lösungen der Rätsel als Inspirationsquelle zu nutzen. Es kann immer einmal vorkommen, dass man bei einem Rätsel nicht weiterweiß. Wenn Ihnen beim besten Willen nichts einfällt, dürfen Sie ruhig im Lösungsteil nachschlagen. Anschließend versuchen Sie einfach die Denkschritte nachzuvollziehen, die zu der Lösung geführt haben, damit Sie diese Strategie auch bei künftigen Rätseln und in Ihrem täglichen Leben anwenden können. Wie bei allen Rätseln kann es manchmal auch passieren, dass Sie auf eine andere Lösung kommen als die hier vorgeschlagene. Das ist ein Zeichen dafür, dass Sie Ihre »Schnelldenkfähigkeit« bereits gut einsetzen!

RÄTSEL 1 SYMBOLTRÄCHTIGES RÄTSEL Durch Herumexperimentieren mit verschiedenen Kombinationsmöglichkeiten, die die erste Summe (14) ergeben, finden Sie heraus, dass das Dreieck = 36 und der Stern = 8 ist, denn 36/3 + 8/4 = 12 + 2 = 14. Der Rest ist einfach: Das Quadrat = 28, denn 36 – 8 = 28; Herz = 7, denn 28/4 = 7.

RÄTSEL 2 GUTER RAD IST TEUER ... Jede Reihe und jede Spalte enthält zwei Fahrräder, die nach links schauen, und eines, das nach rechts schaut. Jede Reihe und jede Spalte enthält zwei Fahrräder mit zwei Pedalen und eines mit einem Pedal. Jede Reihe und jede Spalte enthält zwei Fahrräder mit grauem und eines mit schwarzem Sattel und je zwei Fahrräder mit Lenkstange und eines ohne. Das fehlende Rad sollte nach links schauen, zwei Pedale, einen schwarzen Sattel und eine Lenkstange haben.

RÄTSEL 3 FALSCHER ZUG
Woody muss seinen Kreis ins mittlere Feld der untersten Reihe setzen. So muss Rebecca ihre drei Kreuze entweder in der obersten Reihe oder in der diagonalen Reihe von rechts unten nach links oben (und gleichzeitig auch noch in der obersten Reihe) setzen.

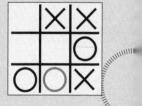

RÄTSEL 4 MRS. NELSONS ZAHLENFLIESEN I

Das rechts abgebildete Gitter zeigt die Lösung. In Alltagssituationen, in denen schnelles Denken gefordert ist, braucht man oft visuelle Intelligenz, um rasch zu erkennen, wie die Dinge zusammenpassen oder wie sie in einer anderen Anordnung aussehen würden. Mrs. Nelson fordert Ihre visuelle Intelligenz mit der Aufforderung, die Fliesen so zu drehen, dass an den Rändern stets gleiche Zahlen aneinander angrenzen.

4	1	1	2	2	4
4	4	4	1	1	3
4	4	4	1	1	3
2	2	2	1	1	3
2	2	2	1	1	3
4	3	3	2	2	4

RÄTSEL 5 DAS VIDEOSPIEL I

Das rechts abgebildete Gitter zeigt die Lösung. Dieses Rätsel fördert Ihr Zahlendenken und Ihre Fähigkeit, Zusammenhänge zu erkennen.

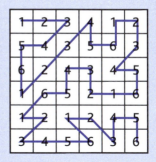

RÄTSEL 6 VERWECHSELTE STEMPEL I Stempel 1 gehört zu Abdruck A; 2 gehört zu C; 3 gehört zu B; 4 gehört zu D; und 5 gehört zu E. Auch dieses Rätsel fördert Ihre visuelle Intelligenz, die für das Schnelldenken so wichtig ist: Sie müssen in Gedanken die Perspektive wechseln, um die Buchstaben und Zahlen so zu sehen, wie sie aussehen würden, wenn sie beim Stempeln auf dem Papier abgedruckt werden.

DIE LÖSUNGEN

RÄTSEL 7 TONYS BEWÄHRUNGSPROBE

Das rechts abgebildete Gitter zeigt eine Lösungsmöglichkeit. Durch solche Denksportaufgaben entstehen neue Nervenverbindungen. Dadurch wird Ihr Gehirn leistungsfähiger – gut für Situationen, in denen Sie unter Zeitdruck stehen, so wie Tony bei seinem Bewerbungsgespräch!

4	9	5	16
14	7	11	2
15	6	10	3
1	12	8	13

RÄTSEL 8 KAUFT EINHEIMISCHE AUTOS!

Der Minister hat eine Menge Geld gespart, denn er musste 180 Autos verkaufen. Nur zwei der ursprünglichen 200 Autos stammten aus Sparland (1 Prozent von 200 ist 2). Wenn zwei Autos 10 Prozent aller Dienstwagen ausmachen sollen, dann darf es insgesamt nur 20 Dienstwagen geben. Also musste der Minister die 180 anderen Wagen verkaufen.

RÄTSEL 9 PHILOMENA IM PHYSIKLABOR I

Die Lösung lautet: drei. Ein Blick auf Waage A verrät Philomena, dass zwei Kreise und ein Stern genauso viel wiegen wie ein Quadrat. Also tauscht sie das Quadrat auf Waage B gegen zwei Kreise und einen Stern aus. Jetzt verrät Waage B ihr, dass zwei Kreise und zwei Sterne sechs Kreisen entsprechen. Wenn sie aus jeder Waagschale von Waage B zwei Kreise wegnimmt, sieht sie, dass zwei Sterne vier Kreisen entsprechen – also weiß sie, dass ein Stern für zwei Kreise steht. Wenn sie wieder die ursprünglichen Gewichte auf Waage B zurücklegt, erkennt sie mit diesem neu erworbenen Wissen, dass ein Quadrat zwei Sternen entspricht. Waage C enthält sechs Sterne, also sind sechs Sterne gleichbedeutend mit drei Quadraten.

RÄTSEL 10 DAS VIDEOSPIEL II Durch solche Rätsel erwirbt man sich einen scharfen Blick fürs Detail und die Gabe zum raschen Jonglieren mit Zahlen, die man benötigt, um unter Zeitdruck immer noch logisch denken zu können.

96	7	14	77	52	16	97	77	8
78	33	68	29	61	49	28	91	55
22	14	56	84	9	63	22	53	23
33	42	12	98	35	7	29	5	47
28	21	86	17	54	76	49	56	42
91	75	94	14	77	91	84	74	28
70	49	35	28	59	97	24	48	35
77	62	41	34	18	98	63	21	56
13	58	46	68	38	91	50	15	53

RÄTSEL 11 WENN MATHEMATIKER SICH VERLIEBEN …
Die Antwort lautet: keine. Man braucht sich die Summe lediglich im Spiegel anzuschauen – dann sieht sie so aus wie unten abgebildet. Manchmal muss man beim Schnelldenken auch intuitive Gedankensprünge machen oder querdenken, um ein Problem mit neuen Augen zu sehen. Vor dem Treffen mit Will hat Jamie das Auto gewendet und beim Blick in den Rückspiegel kam ihr die rettende Idee.

$$8 = 12 - 5 + 1$$

RÄTSEL 12 EINE SCHWIERIGE FRAGE FÜR PASCAL Es sind 27 Bälle zu sehen. Zur großen Freude seines Chefs hat Pascal richtig gezählt und keine weiteren Bälle mehr bestellt. Rätsel wie dieses fördern eine rasche Beobachtungsgabe!

RÄTSEL 13 WIE DIE ZEIT VERGEHT!

Wenn man mit dem 1. Januar in der Ecke links oben beginnt und dann jede Zeile von links nach rechts liest, folgen die Zahlen aufeinander wie Daten eines Wochenkalenders. Da es kein Schaltjahr ist, folgt auf den 26. Februar der 5. März. Es werden einfach jedes Mal sieben Tage dazugezählt. Die fehlenden Zahlen lauten also 12 (12. Februar) und 30 (30. April).

1	8	15	22	29
5	12	19	26	5
12	19	26	2	9
16	23	30	7	14

RÄTSEL 14 ANNA – VERZWEIFELT GESUCHT

Die Zahlen sind in dem Gitter enthalten, und zwar in umgekehrter Reihenfolge in der Diagonale von links oben nach rechts unten. Wenn man unter Zeitdruck steht, ist es manchmal sehr wichtig, die Dinge auf einen Blick zu erfassen.

7	8	5	9	1	2	7	5	6	5	4	0
5	1	9	2	6	5	1	4	2	9	6	3
5	1	4	3	6	1	6	4	9	3	9	5
2	8	9	9	7	4	9	0	2	1	4	1
5	7	4	1	5	2	0	7	5	4	1	4
5	1	6	7	1	2	8	7	9	9	2	5
5	8	9	2	4	9	6	7	4	0	1	1
4	1	7	8	9	1	0	1	5	5	4	7
5	7	4	1	2	4	5	7	9	4	8	1
5	1	1	2	9	0	1	7	9	4	5	3
5	7	8	1	9	4	1	5	3	1	9	2
5	1	4	1	9	2	6	7	8	5	9	8

RÄTSEL 15 ABENTEUERLICHE ÜBERFAHRT Das Boot kann höchstens 100 Kilo tragen. So viel wiegen entweder jeweils einer der Männer oder beide Frauen zusammen. Also rudern die zwei Frauen zuerst ans andere Ufer. Dann bringt eine von ihnen das Boot wieder zurück. Als Nächstes rudert einer der Männer hinüber, und die andere Frau bringt das Boot zurück. Jetzt steht nur noch ein Mann am anderen Ufer. Als Nächstes rudern die zwei Frauen zusammen wieder hinüber, eine bringt das Boot zurück, der verbleibende Mann rudert hinüber, und die andere Frau bringt das Boot zurück. Jetzt stehen beide Männer am anderen Ufer. Zuletzt rudern die zwei Frauen zu zweit über den Fluss. Dieses Rätsel ist ein guter Test für Ihr logisches Denkvermögen!

RÄTSEL 16 GEHEIMNISVOLLE NACHRICHT Der fehlende Buchstabe ist ein L. Der Buchstabe in der Mitte jeder Sitzgruppe hat jeweils den Zahlenwert des Buchstabens rechts oben minus des Buchstabens links unten oder den Zahlenwert des Buchstabens links oben minus des Buchstabens rechts unten. In der Sitzgruppe rechts unten gilt also: V = 22, P = 16, D = 4, J = 10. Die Zahl in der Mitte lautet: rechts oben (16) minus links unten (4) = 12 oder links oben (22) minus rechts unten (10) = 12. Der fehlende Buchstabe ist also der 12. Buchstabe des Alphabets = L. Anna knackt den Code und »liquidiert« den Doppelagenten L.

RÄTSEL 17 ZAHLENTANZ I

Das Zahlengitter des Professors muss so aussehen wie rechts abgebildet. Einige Rätsel in diesem Buch fördern Ihre visuelle Intelligenz, denn es ist sehr wichtig, sich Informationen visuell vorzustellen, wenn man unter Zeitdruck steht und blitzschnell reagieren muss.

3	2	5	2	2	7	7	6
6	5	4	1	7	5	2	3
5	2	4	6	4	5	7	4
1	7	3	2	6	6	4	4
3	6	4	5	3	2	4	1
4	7	7	6	6	4	1	7
5	1	2	3	6	4	6	7
3	4	2	7	5	3	7	2

RÄTSEL 18 DAS L-GITTER

Die Umrisse der 12 L's in dem Gitter sind rechts abgebildet. Für die Entwicklung Ihres Visualisationsvermögens ist es am besten, dieses Rätsel im Kopf zu lösen. Doch wenn Sie damit nicht weiterkommen, fotokopieren Sie sich die Seite ruhig ein paarmal, schneiden Sie die 12 L-Formen (drei von jeder Sorte) aus und experimentieren Sie damit auf dem Papier. Noch leichter geht es, wenn Sie die L-Formen auf Pappkarton aufkleben.

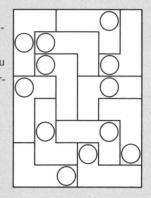

RÄTSEL 19 MRS. NELSONS ZAHLENFLIESEN II

Das rechts abgebildete Gitter zeigt die Lösung. Mrs. Nelson setzt ihren Schülern ein Zeitlimit von drei Minuten, weil sie festgestellt hat, dass das Lösen von Zahlenrätseln unter Zeitdruck ihre geistige Regsamkeit fördert, sodass sie dann umso lebhafter an den Diskussionen im Mathe-Club teilnehmen.

3	3	3	1	1	3
2	1	1	4	4	3
2	1	1	4	4	3
2	4	4	1	1	2
2	4	4	1	1	2
4	3	3	1	1	4

RÄTSEL 20 PHILOMENA IM PHYSIKLABOR II

Die richtige Antwort lautet 8. Wenn man den Kreis auf Waage A durch seine Entsprechung auf Waage B ersetzt, ergibt sich daraus, dass zwei Quadrate und ein Stern insgesamt zwei Sternen entsprechen. Folglich gilt: Zwei Quadrate sind gleichbedeutend mit einem Stern. Wenn Tanja nun den Stern auf Waage B in Quadrate umwandelt, ergibt sich daraus die Gleichung: Ein Kreis = drei Quadrate. Also gilt auf Waage C: Zwei Kreise und ein Stern sind acht Quadrate. Um zu dieser Lösung zu kommen, muss man logisch denken – auch eine wichtige Voraussetzung fürs Schnelldenken!

RÄTSEL 21 CLEVERE SCHACHZÜGE Um dieses Rätsel zu lösen, muss man das Problem aufteilen: Wie viele Möglichkeiten gibt es, zu sämtlichen Feldern auf dem Gitter zu gelangen? Um auf die Felder in der obersten Reihe und der linken Spalte zu kommen, existiert jeweils nur eine Möglichkeit. Also schreibt der Student in diese acht Felder jeweils eine 1. In die noch übrigen leeren Felder schreibt er jeweils die Gesamtzahl der Felder, die links davon, darüber und links darüber liegen. Wenn er zum Beispiel auf das letzte Feld der zweiten Reihe kommt, muss er eine 1 (darüber), noch eine 1 (links darüber) und eine 5 (links davon) zusammenzählen; das ergibt 5 + 1 + 1 = 7. Wenn er systematisch so weitermacht, kommt am Ende die Zahl 63 (rechts unten) heraus.

RÄTSEL 22 VERWECHSELTE STEMPEL II Stempel 1 gehört zu Abdruck D; 2 gehört zu C; 3 gehört zu A; 4 gehört zu B; und 5 gehört zu E. Ohne Buchstaben oder Zahlen, an denen man sich orientieren kann, ist dieses Rätsel ein viel schwierigerer Test für Ihre visuelle Intelligenz und Ihren Blick fürs Detail als Rätsel 6! Aber die Mühe lohnt sich, denn Ihr Gehirn wird dadurch leistungsfähiger.

RÄTSEL 23 ZAHLENHÜPFEN
Der richtige Weg durch Wesleys Zahlenmuster ist rechts abgebildet. Gewinnerin war eines der jüngsten Kinder im Camp. Das Mädchen erzählt, dass sie oft mit Zahlen herumexperimentiert, weil ihr das Spaß macht. Da sie ihr Gehirn auf diese Weise fit hält, konnte sie Wesleys Rätsel rasch lösen.

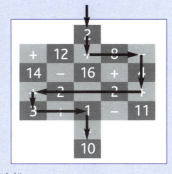

RÄTSEL 24 KINO-RÄTSEL Kreis = 9; Kreuz = 8; Fünfeck = 3; Quadrat = 4; Stern = 2. Die Gleichung in der ersten Zeile lautet beispielsweise: 2 (Stern) + 4 (Quadrat) + 2 + 9 (Kreis) + 3 (Fünfeck) = 20. Will hat das Rätsel in knapp vier Minuten gelöst; also lädt Jamie ihn ins Kino ein.

RÄTSEL 25 BUCHSTABENSALAT I

Das richtig ausgefüllte Buchstabengitter ist rechts abgebildet. Jede Reihe, jede Spalte und jede dick umrandete Form enthält jeweils die Buchstaben A bis F. Ähnlich wie bei einem Sudoku muss man bei diesem Rätsel visuell denken und gleichzeitig logisch kombinieren, was sehr stimulierend auf das Gehirn wirkt.

F	A	B	C	E	D
E	C	D	A	F	B
A	D	F	E	B	C
B	E	C	D	A	F
C	F	E	B	D	A
D	B	A	F	C	E

RÄTSEL 26 MURMELN ZÄHLEN Ethan hatte 50 Murmeln und Chloe 30. Denn: Wenn Chloe jetzt 80 hat, muss Ethan ihr 40 gegeben haben (jetzt hat er keine mehr). Ethan muss also 20 Murmeln übrig gehabt haben, und Chloe muss ihm 20 dazugegeben haben (20 + 20 = 40). Also hatte Ethan ursprünglich 20 Murmeln mehr als Chloe (wenn er ihr die gleiche Anzahl Murmeln gegeben hat wie die, mit denen Chloe ursprünglich angefangen hat, blieben ihm noch 20). Folglich hatte Ethan zu Beginn des Spiels 50 Murmeln und Chloe 30.

RÄTSEL 27 WER KNACKT DEN CODE? Der richtige Code lautet + 1, x 1, + 2, x 2, + 3, x 3 usw. Die fehlenden Zahlen sind 33 und 4626. Solche Mathematikaufgaben sind nicht nur eine gute Aufwärmübung fürs Gehirn, sondern man übt sich dabei auch darin, die richtigen Fragen zu stellen – in diesem Fall: Welche Rechenvorgänge wurden mit den Zahlen durchgeführt, damit die unten stehende Zahlenfolge entstand?

> 1 2 2 4 8 11 **33** 37 148
> 153 765 771 **4626** 4633

RÄTSEL 28 NOCH MEHR SYMBOLE Das Dreieck muss sowohl durch 4 als auch durch 5 teilbar sein, damit bei den beiden Brüchen jeweils eine ganze Zahl herauskommt. Den Zahlenwert 20 kann das Dreieck nicht haben: wenn man es durch 4 teilt, muss mehr als 7 herauskommen. Wenn man dem Dreieck den Zahlenwert 40 zuordnet, ergibt die erste Gleichung 40/4 – 9/3 = 10 – 3 = 7. Die Lösung der zweiten Gleichung lautet dann 40/5 = 8. Von diesem Startpunkt aus kann man die Zahlenwerte für das Quadrat, den Kreis und das Herz finden. Die Lösungen lauten: Dreieck = 40; Stern = 9; Quadrat = 4; Kreis = 12: Herz = 1.

RÄTSEL 29 JONGLIEREN MIT SECHSECKEN I Die Kollegin in der Bar besitzt eine ausgeprägte visuelle und numerische Intelligenz. Deshalb schafft sie es, die Untersetzer innerhalb weniger Minuten in die richtige Reihenfolge zu bringen. Immer dort, wo sich zwei Sechsecke berühren, enthalten die an den Rändern der Sechsecke aneinander angrenzenden Dreiecke jeweils die gleiche Zahl.

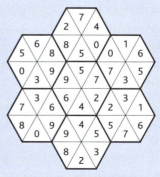

RÄTSEL 30 ANNAS CODE Der fehlende Buchstabe lautet S. Der Zahlenwert des Buchstabens in der Mitte entspricht stets der Summe der beiden oberen minus der Summe der beiden unteren Buchstaben. In der Sitzgruppe rechts unten gilt also: Z = 26, X = 24, P = 16 und O = 15. Die Zahl in der Mitte ist die Summe der beiden oberen Zahlen (26 + 24 = 50) minus der Summe der beiden unteren (16 + 15 = 31), also 50 – 31 = 19. Der 19. Buchstabe des Alphabets ist ein S. Mike knackt den Code und kümmert sich um den Doppelagenten S.

RÄTSEL 31 WIE VIEL WIEGT DER ALLIGATOR? Der kleine Alligator wiegt 290 Kilo. Der Schwanz wiegt 35 Kilo, der Kopf 110 Kilo und der Körper 145 Kilo. Bei diesem Rätsel muss man die Aufgabe genau lesen, logisch denken und gut mit Zahlen umgehen können.

RÄTSEL 32 DAS VIDEOSPIEL III

Der richtige Weg durch den Saal ist rechts abgebildet. Dies ist eine gute Übung im Umgang mit numerischen Informationen.

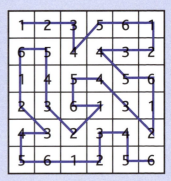

RÄTSEL 33 LAUTER SCHIRME ... Insgesamt sind es 28 Regenschirme. Das hat Maggie auf den ersten Blick erkannt – sie kann also noch einen weiteren Schirm annehmen. Ebenso wie Rätsel 12 schärft auch diese Aufgabe Ihren Blick fürs Detail unter Zeitdruck – eine Fähigkeit, die man häufig braucht, wenn schnelles Denken gefragt ist.

RÄTSEL 34 WIE VIELE QUADRATE? Geometrisch betrachtet enthält das Kreuzworträtsel 49 kleine (1x1) Quadrate, aber auch 36 größere (2x2) Quadrate, 25 3x3-Quadrate usw., bis hin zum größten Quadrat (7x7). Insgesamt sind es (7x7) + (6x6) + (5x5) + (4x4) + (3x3) + (2x2) + (1x1) = 140 verschieden große Quadrate. Doch auch die Zahlen 1 und 4 sind rechnerisch gesehen Quadrate (1 im Quadrat und 2 im Quadrat!), sodass man auf insgesamt 142 Quadrate kommt. Beim Schnelldenken muss man vor allem rasch den richtigen Sinn der Frage erfassen, um keine Zeit mit der Suche nach falschen Lösungen zu vergeuden. Also gehen Sie bei Aufgaben dieser Art lieber erst sicher, ob Sie das Problem auch wirklich richtig verstanden haben!

DIE LÖSUNGEN

RÄTSEL 35 ZAHLENNETZ I

Das fertig ausgefüllte Zahlennetz ist rechts abgebildet. Wie die Rätsel 19 und 29 in diesem Buch ist auch diese schwierige Denkaufgabe eine gute Übung im Erkennen visuell-numerischer Kombinationen unter Zeitdruck.

RÄTSEL 36 LOLAS L-GITTER Die Umrisse der zwölf L's in dem Gitter sind rechts abgebildet. Auch dieses Rätsel fördert die visuelle Intelligenz und stimuliert die Gehirnzellen – vor allem, wenn man es so schnell wie möglich löst.

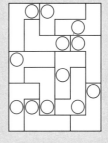

85

DIE LÖSUNGEN

RÄTSEL 37 PHILOMENA IM PHYSIKLABOR III Philomenas Freundin braucht zehn Quadrate, um Waage C auszugleichen. Wenn sie den Inhalt von Waage A mit drei multipliziert, stellt sie fest, dass 12 Quadrate und drei Kreise 15 Sternen entsprechen. Dann überträgt sie den Gegenwert von drei Kreisen (also drei Sternen und sechs Quadraten) von Waage B auf Waage A und findet heraus, dass 12 Quadrate und Sterne und sechs Quadrate zusammen 15 Sterne ergeben. Also gilt: 18 Quadrate sind 12 Sterne. Folglich sind drei Quadrate gleichbedeutend mit zwei Sternen. Als Nächstes multipliziert sie den Inhalt von Waage B mit zwei, also entsprechen sechs Kreise demnach sechs Sternen und 12 Quadraten. Dann ersetzt sie die sechs Sterne durch deren Gegenwert in Quadraten (also neun Quadrate) und erhält sechs Kreise, was neun Quadraten und 12 Quadraten entspricht; oder: sechs Kreise sind 21 Quadrate, was wiederum bedeutet, dass zwei Kreise sieben Quadraten entsprechen. Also müssen auf Waage C zwei Sterne und zwei Kreise bzw. drei Quadrate und sieben Quadrate bzw. zehn Quadrate liegen.

RÄTSEL 38 ÄPFEL UND BIRNEN Das Fass enthält 21 Äpfel und 18 Birnen. Für solche Aufgaben braucht man ein gutes System zum mentalen Gruppieren von Gegenständen, damit diese sich leichter zählen lassen. Falls Ihnen das schwergefallen sein sollte, denken Sie daran, dass solche Rätsel Ihr Gehirn im Schnelldenken trainieren, sodass es mit der Zeit immer einfacher für Sie wird!

RÄTSEL 39 BUCHSTABEN-SALAT II Das richtig ausgefüllte Buchstabengitter ist rechts abgebildet. Jede Reihe, jede Spalte und jede dick umrandete Form enthält jeweils die Buchstaben A bis H. Solche Rätsel wirken ebenso stimulierend auf das Gehirn wie ein gutes, anspruchsvolles Gespräch.

D	E	A	G	H	B	F	C
F	C	H	B	D	A	G	E
C	A	G	E	F	H	D	B
G	F	B	C	A	D	E	H
A	D	E	H	G	C	B	F
B	H	F	D	C	E	A	G
E	G	C	A	B	F	H	D
H	B	D	F	E	G	C	A

86

RÄTSEL 40 DAS SCHACHRÄTSEL

Die richtige Anordnung der Damen ist im Diagramm rechts abgebildet. Schachspielen und Schachprobleme fördern das logische Denken und das kann man in Situationen, in denen man unter Zeitdruck steht, gut gebrauchen.

RÄTSEL 41 ZAHLENTANZ II

Das Gitter ist rechts abgebildet. Solche Zahlenrätsel wirken ähnlich anregend auf das Gehirn wie Schach, weil man dabei mehrere verschiedene Regeln im Kopf behalten muss.

7	7	5	8	4	1	6	2	3	2
6	4	4	7	5	5	1	8	1	6
8	6	4	5	2	5	7	3	5	1
3	6	1	5	8	2	5	4	7	6
2	3	8	2	7	5	1	2	5	8
2	1	5	4	5	8	5	6	1	3
7	4	6	3	1	6	4	5	2	8
5	8	2	6	3	6	3	1	4	7
5	5	4	1	6	3	8	2	3	4
1	2	7	6	7	4	3	3	8	5

RÄTSEL 42 RENDEZVOUS MIT HINDERNISSEN

Kreis = 1; Kreuz = 2; Fünfeck = 9; Quadrat = 7; Stern = 6. Die beiden Freunde lösen das Rätsel und treffen sich am Ocean Drive Nr. 12 976, einem schönen Restaurant.

RÄTSEL 43 ZAHLENRÄTSEL

Die Lösungen lauten
folgendermaßen:
1. 42 654
2. 419 433 346
3. 22 715 835
4. 8 645 708
5. 98 901
6. 9 767 643 616
7. 98 613
8. 2 274 300
9. 203 609
10. 23 598 498

Die Zahlen sind rechts in das Gitter eingezeichnet.

RÄTSEL 44 KALTBLÜTIGER MORD
Katherina hat den Punsch doch vergiftet: Aber das Gift war nicht direkt im Getränk, sondern in den Eiswürfeln. Sie nahm den ersten Schluck aus dem Krug und ging dann weg, um ein gutes Alibi zu haben. Anschließend schmolzen die Eiswürfel und entfalteten ihre tödliche Wirkung.

RÄTSEL 45 STRESS IM SPIELZIMMER

D ist die richtige Fliese. Jede Reihe und jede Spalte enthält eine Dartscheibe mit einem schwarzen und zwei grauen Pfeilen in der Mitte, eine Dartscheibe mit einem grauen und zwei schwarzen Pfeilen in der Mitte und eine Dartscheibe mit einem grauen und einem schwarzen Pfeil in der Mitte. Ferner enthält jede Reihe und jede Spalte einen zerbrochenen Pfeil. Jede Reihe und jede Spalte enthält eine Dartscheibe ohne Schatten und eine Dartscheibe ohne Stütze. Die fehlende Fliese sollte also einen grauen und zwei schwarze Pfeile in der Mitte, keinen zerbrochenen Pfeil, einen Schatten und eine Stütze aufweisen.

RÄTSEL 46 ZAHLENGITTER

Rechts ist eine Lösungsmöglichkeit abgebildet, die die beiden Freunde gefunden haben. Die Fähigkeit des schnellen Addierens hilft uns im täglichen Leben oft weiter. Und wer gut mit Zahlen umgehen kann, der ist für alle schwierigen Denkaufgaben gerüstet und wird auch andere Lösungen rasch finden.

9	22	19	17
17	19	13	18
14	10	25	18
27	16	10	14

RÄTSEL 47 ZAHLENNETZ II

Das fertig ausgefüllte Zahlennetz ist rechts abgebildet. Wer sich regelmäßig im Kopfrechnen übt, kann solche Rätsel leichter lösen. Außerdem fördert Kopfrechnen ganz allgemein die Leistungsfähigkeit des Gehirns.

RÄTSEL 48 GEHEIMNISVOLLE ZAHLEN IM SAND

Die Antwort lautet 5670. Wesleys Zahlen werden von oben nach unten immer kleiner. Warum? Ganz einfach: Ziehen Sie – wie im Denkanstoß empfohlen – aus der ersten Zahl der Reihe nach die geraden Ziffern heraus und multiplizieren Sie die Zahl, die daraus entsteht, dann mit den aufeinanderfolgenden ungeraden Ziffern der ersten Zahl. Dadurch ergibt sich aus der 97 263 folgende Gleichung: 26 x 973 = 25 298.

Aus dieser Zahl ergibt sich wiederum 228 x 59 = 13 452, und daraus erhalten Sie die fehlende Zahl: 42 x 135 = 5670. Aus der 5670 ergibt sich, wenn man weiter so verfährt, die unterste Zahl in

RÄTSEL 49 JONGLIEREN MIT SECHSECKEN II

Das richtige Muster ist rechts abgebildet. Immer dort, wo sich zwei Sechsecke berühren, enthalten die an den Rändern der Sechsecke aneinander angrenzenden Dreiecke jeweils die gleiche Zahl.

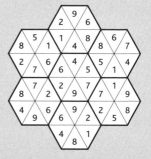

RÄTSEL 50 DER GROSSE COUP Insgesamt waren € 2500,– in dem Sack. Jedes Mitglied der Gangsterbande erhält € 500,–: Jesse = € 100,– + € 400,– (danach sind noch € 2000,– übrig); Pete = € 200,– + € 300,– (anschließend sind noch € 1500,– übrig); Doc = € 300,– + € 200,– (dann sind noch € 1000,– übrig); Billy = € 400,– + € 100,– (danach sind noch € 500,– übrig); den Rest erhält Bobby.

DIE HERAUSFORDERUNG:
WIE KOMMEN SIE ZUR FLANDERS HALL?

Als der Dieb in Ihr Auto springt, geraten Sie zunächst in Panik. Doch dann sagen Sie sich: »Ich habe Übung im Schnelldenken und kann gut mit Krisensituationen umgehen. Mir wird schon eine Lösung einfallen.« Sie springen aus dem Auto, drücken auf den Zentralverriegelungsknopf und schlagen die Tür zu. Damit ist der Dieb im Fahrzeug eingeschlossen.

Der Besitzer des Pfandleihhauses hat bereits die Polizei gerufen. Der Streifenwagen war ganz in der Nähe und wird gleich kommen. Die Polizisten nehmen Ihre Aussage zu Protokoll und gratulieren Ihnen zu Ihrer Geistesgegenwart.

Jetzt müssen Sie nur noch das Problem mit Ihrem Anzug, den Kreditkarten und dem Seminar lösen. Der Anzug ist von Kaffeeflecken durchnässt, ein Ärmel halb abgerissen. Inzwischen ist es schon kurz nach halb elf. Ihr Seminar beginnt in einer knappen halben Stunde. Wie kommen Sie dorthin? Den Mietwagen können Sie nicht mehr benutzen, weil der Dieb darin eingeschlossen ist und außerdem inzwischen bei einem Fluchtversuch zwei Fensterscheiben eingeschlagen hat. Sie haben kein Geld, keine Kreditkarten und auch kein Handy mehr, um in der Flanders Hall anzurufen oder Ihre Karten sperren zu lassen.

Erneut bemühen Sie sich, ruhig zu bleiben. »Was würde ich meinen Seminarteilnehmern in so einer Situation raten?«, überlegen Sie sich. »Glaube an dich. Lege dir einen Plan zurecht – selbst wenn die Situation ausweglos erscheint. Überlege dir eine Reihe praktikabler Schritte. Und vor allem: Gib niemals auf.«

Sie gehen in das Pfandleihhaus und verpfänden die wertvolle Uhr Ihres Vaters. Mit dem Geld, das Sie dafür bekommen, kaufen Sie sich in dem Männerbekleidungsgeschäft einen Konfektionsanzug.

DIE LÖSUNGEN

Mit dem Rückgeld gehen Sie in den Lebensmittelladen und benutzen den dortigen Münzfernsprecher, um Ihre Kreditkarten sperren zu lassen und Ihren Handyanbieter anzurufen.

Dann bestellen Sie sich wieder ein Taxi. Auf dem Weg zur Flanders Hall legen Sie sich einen neuen Plan für Ihr Seminar zurecht und benutzen die unerfreulichen Ereignisse des heutigen Morgens als Rahmenhandlung dafür, wobei Ihnen der beschmutzte und zerrissene Anzug als Requisite dienen kann. Sie werden die Seminarteilnehmer bitten, sich Lösungen für diese Probleme zu überlegen, um ihnen auf diese Weise ein paar wichtige, aus dem Leben gegriffene Lektionen zum Thema »Schnelldenken« zu vermitteln.

Als Sie an der Flanders Hall ankommen, haben Sie noch vier Minuten Zeit. Sie bezahlen den Taxifahrer mit Ihrem letzten Geld und erklären den Seminarteilnehmern, dass Ihr Zuspätkommen auf die dramatischen Ereignisse zurückzuführen ist, die Sie ihnen gleich schildern werden.

Das Seminar wird ein Riesenerfolg, und das Feedback ist sehr positiv. Einer der Teilnehmer arbeitet in der Personalabteilung eines großen Unternehmens und verspricht Ihnen, dass er Sie als Referenten für eine Reihe von Präsentationen empfehlen wird. Um zwei Uhr nachmittags gönnen Sie sich Ihre zweite Tasse Kaffee und denken in aller Ruhe darüber nach, wie Ihnen Ihre Fähigkeit zu schnellem Denken an diesem Tag das Leben gerettet hat.

Blink! Die Macht des Moments von Malcolm Gladwell, Piper, 2008

Pater Brown und das blaue Kreuz von G.K. Chesterton, Diogenes, 1999

Die Psychologie des Überzeugens. Ein Lehrbuch für alle, die ihren Mitmenschen und sich selbst auf die Schliche kommen wollen von Robert Cialdini, Huber, 2008

Selbstbetrachtungen von Marc Aurel und Otto Kiefer, Insel, 2008

Selbstbild. Wie unser Denken Erfolge oder Niederlagen bewirkt von Carol Dweck und Jürgen Neubauer, Campus, 2007

Internetseiten:

www.gladwell.com/blink

www.debonothinkingsystems.com

Filme:

21 (2008), auf der Basis des Romans *Bringing Down the House* von Ben Mezrich (Free Press, 2003)

Die Zeit nach Mitternacht (1985)

NOTIZEN

NOTIZEN

ÜBER DEN AUTOR

Über den Autor

Charles Phillips hat 20 Bücher verfasst und an über 25 weiteren Büchern mitgewirkt, darunter auch an *The Reader's Digest Compendium of Puzzles & Brain Teasers* (2001). In seinem Werk *Ancient Civilizations* (2005) befasste er sich mit indischen Intelligenz- und Bewusstseinstheorien, in *My Dream Journal* (2003) beleuchtete er die Traummechanismen unseres Gehirns, und in *Color for Life* (2004) untersuchte er, wie wir Farben wahrnehmen und darauf reagieren. Außerdem ist Charles Phillips ein begeisterter Spiele- und Rätselsammler.

Weitere Titel aus dieser Reihe: